AF195041

Impressum
Verlag: BABADADA GmbH, Nedderfeld 112 , 22529 Hamburg
Geschäftsführer / Verlagsleitung: Harald Hof
Druck: Books on Demand GmbH, In de Tarpen 42, 22848 Norderstedt

Imprint
Publisher: BABADADA GmbH, Nedderfeld 112 , 22529 Hamburg, Germany
Managing Director / Publishing direction: Harald Hof
Print: Books on Demand GmbH, In de Tarpen 42, 22848 Norderstedt

la escuela
colegio

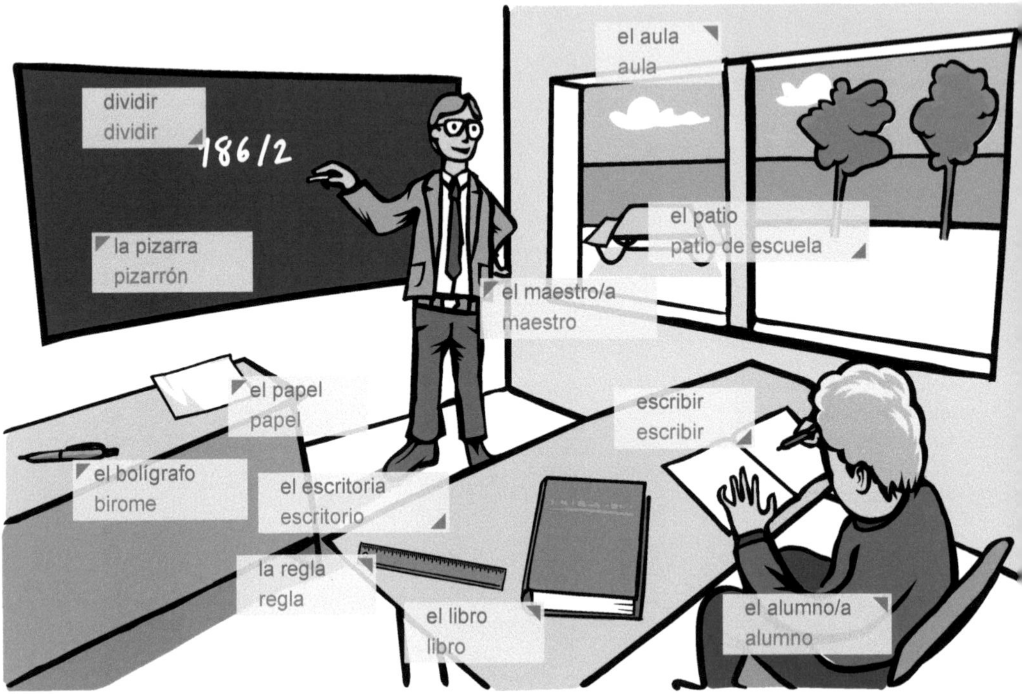
el aula
aula
dividir
dividir
186/2
el patio
patio de escuela
la pizarra
pizarrón
el maestro/a
maestro
el papel
papel
escribir
escribir
el bolígrafo
birome
el escritoria
escritorio
la regla
regla
el libro
libro
el alumno/a
alumno

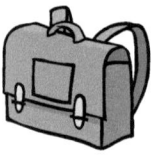

la cartera
mochila

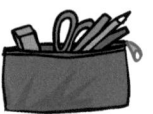

la caja de lápices
caja de lápices

el lápiz
lápiz

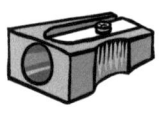

el sacapuntas
sacapuntas

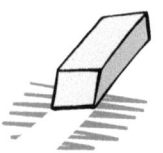

la goma de borrar
goma (de borrar)

el cuaderno de dibujo
bloc de dibujo

el dibujo

dibujo

el pincel

pincel

la caja de pinturas

caja de pinturas

las tijeras

tijera

el pegamento

pegamento

el cuaderno de ejercicios

cuaderno de ejercicios

los deberes

tarea

el número

número

sumar

sumar

restar

restar

multiplicar

multiplicar

calcular

calcular

la letra

letra

el alfabeto

abecedario

la palabra

palabra

el texto

texto

leer

leer

la tiza

tiza

la lección

lección

el cuaderno de notas

cuaderno de clase

el examen

examen

el certificado

certificado

el uniforme

uniforme escolar

la educación

educación

la enciclopedia

enciclopedia

la universidad

universidad

el microscopio

microscopio

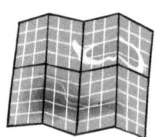

el mapa

mapa

la papelera

tacho (de basura)

el viaje
viaje

Grand
el hotel
hotel
el albergue
hostel
ROOMS
ficina de cambio de divisas
sa de cambio
CHANGE
la maleta
valija
el coche
auto

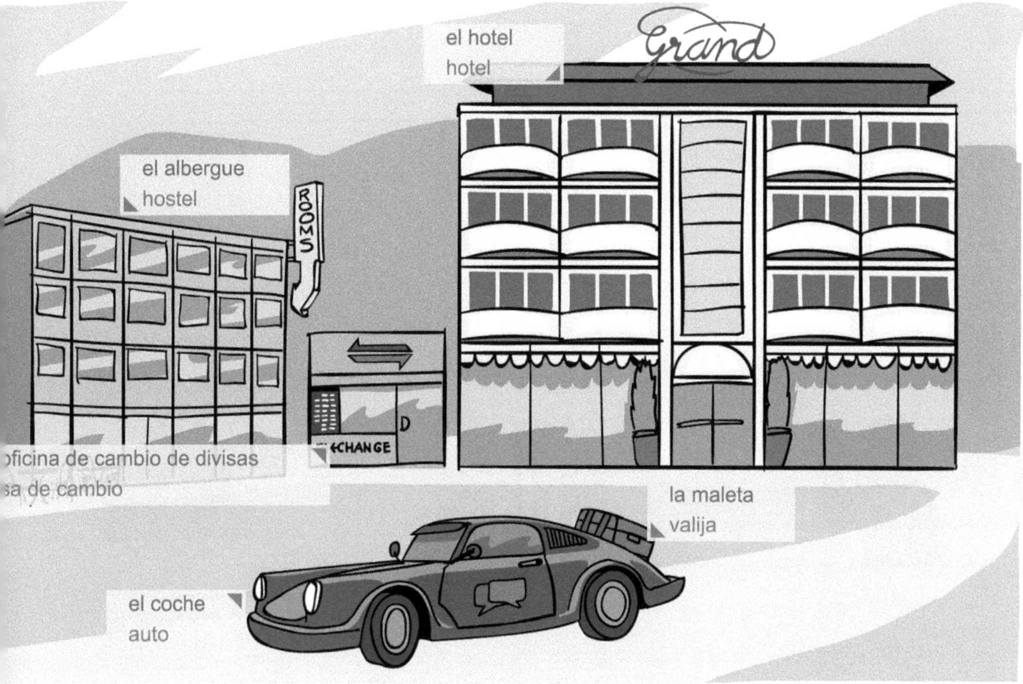

el idioma
idioma

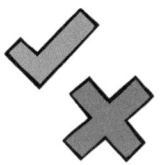

sí / no
sí / no

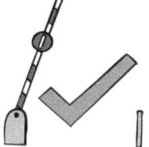

Vale
Está bien

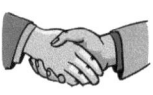

hola
hola

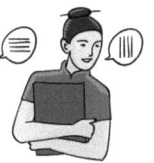

el traductor
traductor

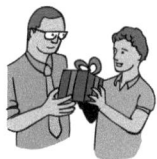

Gracias
Gracias

¿cuánto es…?

¿cuánto cuesta…?

No entiendo

No entiendo

el problema

problema

¡Buenas tardes!

¡Buenas tardes!

¡Buenos días!

¡Buenos días!

¡Buenas noches!

¡Buenas noches!

adiós

adiós

la dirección

dirección

el equipaje

equipaje

la bolsa

bolso

la mochila

mochila

el invitado

invitado

la habitación

habitación

el saco de dormir

bolsa de dormir

la tienda de campaña

carpa

la información turística

información turística

la playa

playa

la tarjeta de crédito

tarjeta de crédito

el desayuno

desayuno

el almuerzo

almuerzo

la cena

cena

el billete

pasaje

el ascensor

ascensor

el sello

sello

la frontera

frontera

la aduana

aduana

la embajada

embajada

la visa

visa

el pasaporte

pasaporte

el transporte
transporte

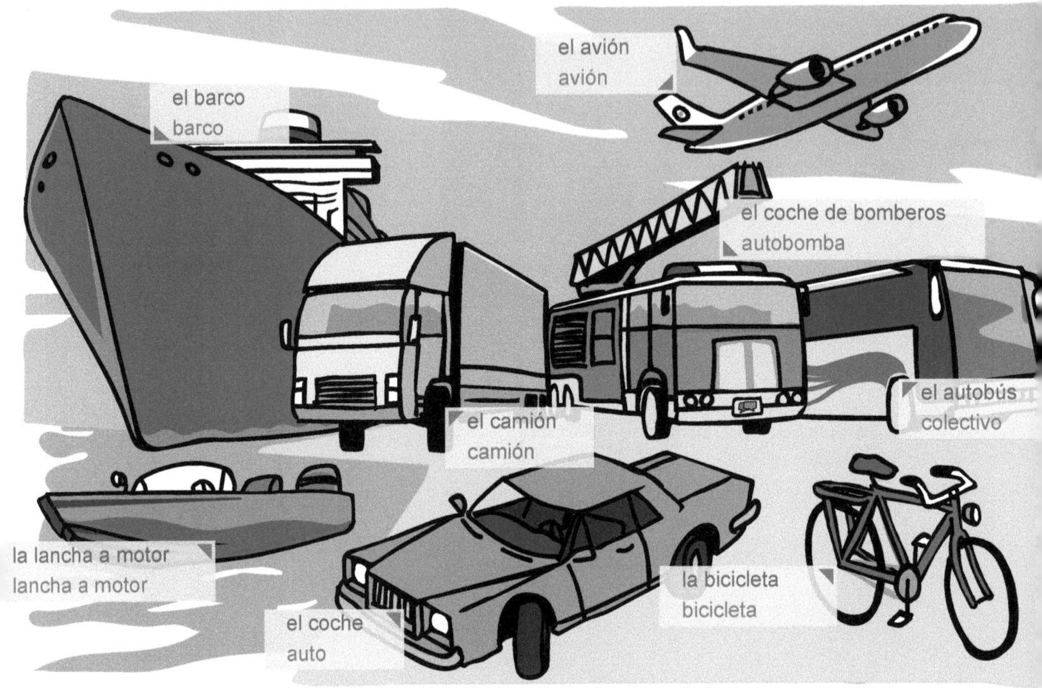
el avión
avión
el barco
barco
el coche de bomberos
autobomba
el autobús
colectivo
el camión
camión
la lancha a motor
lancha a motor
la bicicleta
bicicleta
el coche
auto

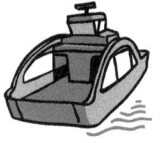

el transbordador

ferry

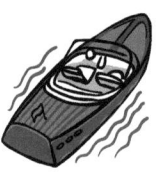

la barca

bote

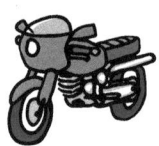

la moto

moto

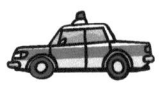

el coche de policía

patrullero

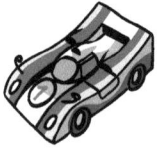

el coche de carreras

auto de carreras

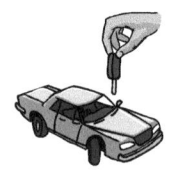

el coche de alquiler

auto de alquiler

el préstamo de vehículos

alquiler de autos

la grúa

grúa

el camión de la basura

camión de basura

el motor

motor

la gasolina

nafta

la gasolinera

estación de servicio

la señal de tráfico

señal de tránsito

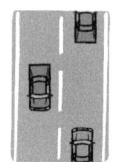

el tráfico

tránsito

el atasco

embotellamiento

el aparcamiento

estacionamiento

la estación de tren

estación de tren

las vías

vías

el tren

tren

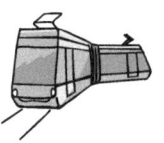

el tranvía

tranvía

el vagón

vagón

el helicóptero

helicóptero

el aeropuerto

aeropuerto

la torre

torre

el pasajero

pasajero

el contenedor

contenedor

la caja de cartón

caja de cartón

la carretilla

carretilla

la cesta

canasta

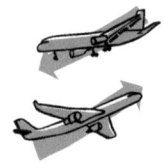

despegar / aterrizar

despegar / aterrizar

la ciudad

ciudad

el pueblo

pueblo

el centro de la ciudad

centro de ciudad

la casa

casa

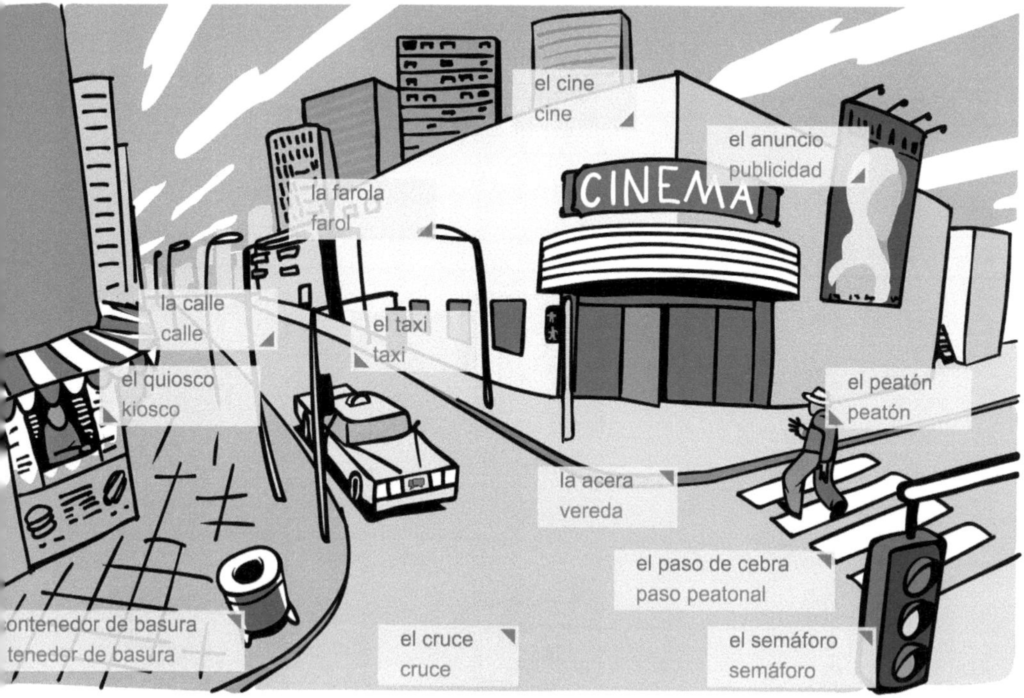

el cine
cine

el anuncio
publicidad

la farola
farol

CINEMA

la calle
calle

el taxi
taxi

el quiosco
kiosco

el peatón
peatón

la acera
vereda

el paso de cebra
paso peatonal

ontenedor de basura
tenedor de basura

el cruce
cruce

el semáforo
semáforo

la cabaña
cabaña

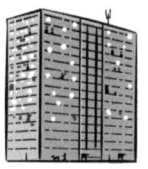

el apartamento
departamento

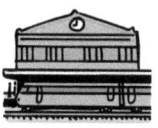

la estación de tren
estación de tren

el ayuntamiento
municipalidad

el museo
museo

la escuela
colegio

la universidad

universidad

el banco

banco

el hospital

hospital

el hotel

hotel

la farmacia

farmacia

la oficina

oficina

la librería

librería

la tienda de campaña

negocio

la floristería

florería

el supermercado

supermercado

el mercado

mercado

los grandes almacenes

grandes tiendas

la pescadería

pescadería

el centro comercial

centro comercial

el puerto

puerto

el parque

parque

el banco

banco

el puente

puente

las escaleras

escaleras

el metro

subte

el túnel

túnel

la parada de autobús

parada del colectivo

el bar

bar

el restaurante

restaurante

el buzón

buzón

el poste indicador

letrero

el parquímetro

parquímetro

el zoo

zoológico

la piscina

pileta

la mezquita

mezquita

la granja

granja

la contaminación

contaminación

el cementerio

cementerio

la iglesia

iglesia

el patio de juego

juegos infantiles

el templo

templo

el paisaje

paisaje

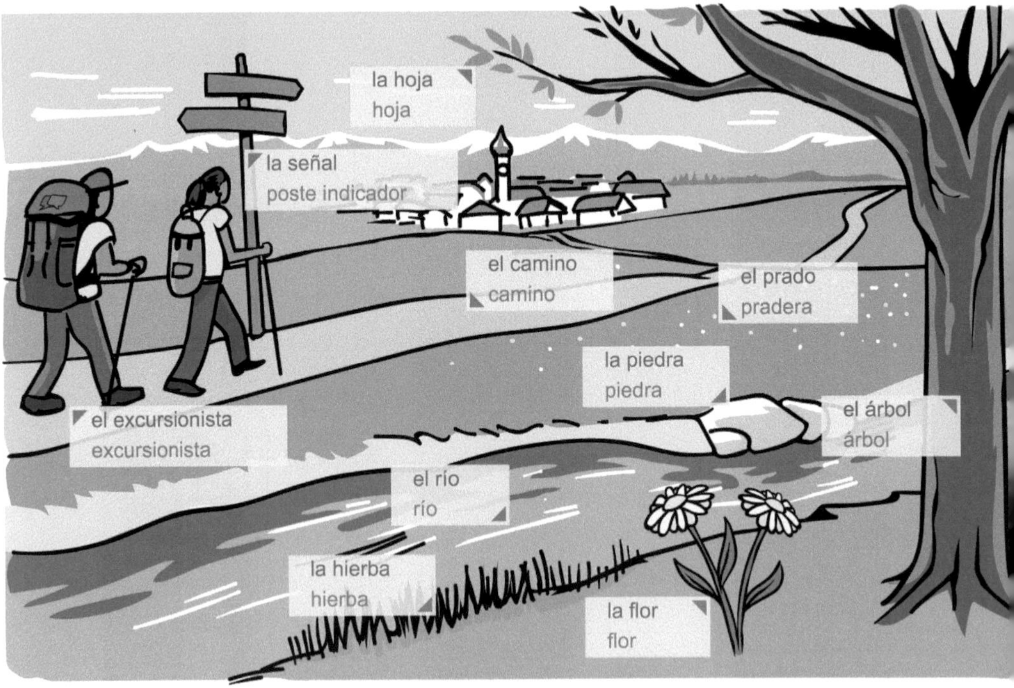

la hoja
hoja

la señal
poste indicador

el camino
camino

el prado
pradera

la piedra
piedra

el árbol
árbol

el excursionista
excursionista

el río
río

la hierba
hierba

la flor
flor

el valle

valle

la colina

montaña

el lago

lago

el bosque

bosque

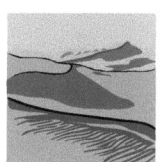

el desierto

desierto

el volcán

volcán

el castillo

castillo

el arcoíris

arco iris

el champiñón

champiñón

la palmera

palmera

el mosquito

mosquito

la mosca

mosca

la hormiga

hormiga

la abeja

abeja

la araña

araña

el escarabajo

escarabajo

la rana

rana

la ardilla

ardilla

el erizo

erizo

la liebre

liebre

la lechuza

lechuza

el pájaro

pájaro

el cisne

cisne

el jabalí

jabalí

el ciervo

ciervo

el alce

alce

la presa

presa

la turbina eólica

aerogenerador

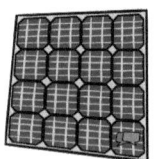

el panel solar

panel solar

el clima

clima

el restaurante
restaurante

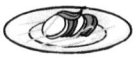

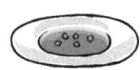

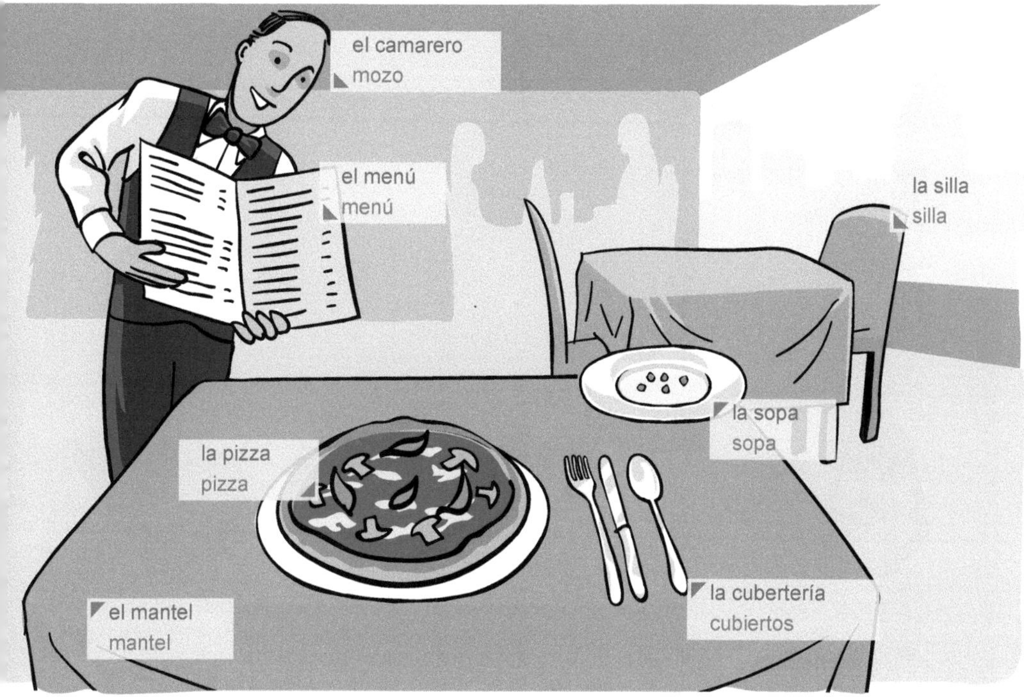
el camarero
mozo
el menú
menú
la silla
silla
la sopa
sopa
la pizza
pizza
la cubertería
cubiertos
el mantel
mantel

el primer plato

entrada

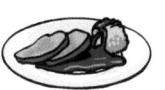

el plato principal

plato principal

el postre

postre

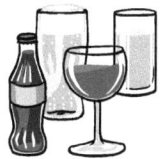

las bebidas

bebidas

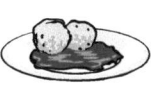

la comida

comida

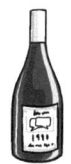

la botella

botella

la comida rápida

comida rápida

la comida callejera

comida callejera

la tetera

tetera

el azucarero

azucarera

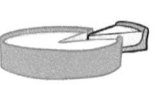

la porción

porción

la cafetera expreso

cafetera expreso

la trona

sillita alta

la cuenta

cuenta

la bandeja

bandeja

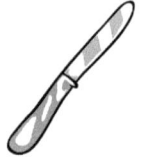

el cuchillo

cuchillo

el tenedor

tenedor

la cuchara

cuchara

la cucharilla

cucharita

la servilleta

servilleta

el vaso

vaso

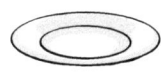

el plato

plato

el plato hondo

plato hondo

el platillo

plato

la salsa

salsa

el salero

salero

el molinillo de pimienta

molinillo de pimienta

el vinagre

vinagre

el aceite

aceite

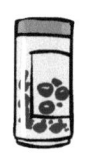

las especias

especias

el ketchup

kétchup

la mostaza

mostaza

la mayonesa

mayonesa

el supermercado

supermercado

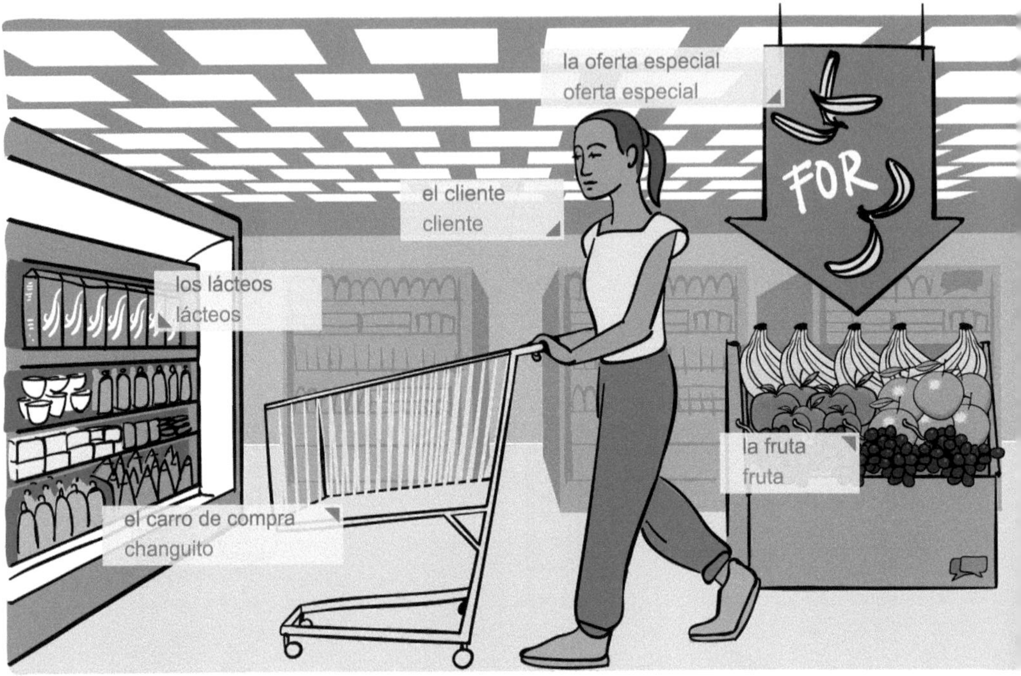

la oferta especial
oferta especial
FOR
el cliente
cliente
los lácteos
lácteos
la fruta
fruta
el carro de compra
changuito

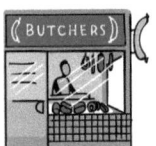

BUTCHERS

la carniceria

carnicería

BAKERY

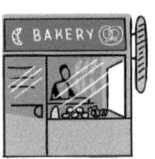

la panadería

panadería

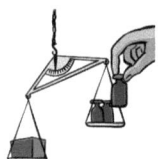

pesar

pesar

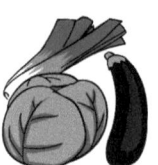

las verduras

verduras

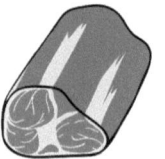

la carne

carne

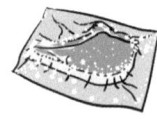

los alimentos congelados

alimentos congelados

los fiambres

fiambres

las conservas

alimentos enlatados

el detergente en polvo

detergente en polvo

los dulces

golosinas

productos de uso doméstico

electrodomésticos

productos de limpieza

productos de limpieza

la vendedora

vendedora

la caja de cartón

caja

el cajero

cajero

la lista de la compra

lista de compras

el horario de atención al público

horario de atención

la cartera

billetera

la tarjeta de crédito

tarjeta de crédito

la bolsa de plástico

cartera

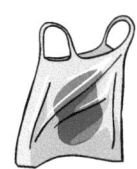

la bolsa de plástico

bolsa de plástico

el agua

agua

el zumo

jugo

la leche

leche

la cola

bebida cola

el vino

vino

la cerveza

cerveza

el alcohol

alcohol

el cacao

cacao

el té

té

el café

café

el expreso

café expreso

el capuchino

cappuccino

el plátano

banana

la manzana

manzana

la naranja

naranja

el melón

melón

el limón

limón

la zanahoria

zanahoria

el ajo

ajo

el bambú

bambú

la cebolla

cebolla

el champiñón

champiñón

las avellanas

nueces

los fideos

fideos

las espagueti

tallarines

el arroz

arroz

la ensalada

ensalada

las patatas fritas

papas fritas

las patatas fritas

papas fritas

la pizza

pizza

la hamburguesa

hamburguesa

el sándwich

sándwich

el filete

churrasco

el jamón

jamón

le salami

salame

la salchicha

salchicha

el pollo

pollo

el asado

asado

el pescado

pescado

la comida - comida

los copos de avena

copos de avena

el muesli

muesli

los copos de maíz

copos de maíz

la harina

harina

el cruasán

medialuna

el panecillo

pancito

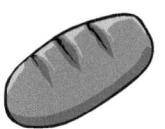

el pan

pan

la tostada

tostada

las galletas

galletitas

la mantequilla

manteca

la cuajada

cuajada

el pastel

torta

el huevo

huevo

el huevo frito

huevo frito

el queso

queso

el helado

helado

el azúcar

azúcar

la miel

miel

la mermelada

mermelada

la crema de turrón

pasta de chocolate

el curry

curry

la granja
granja

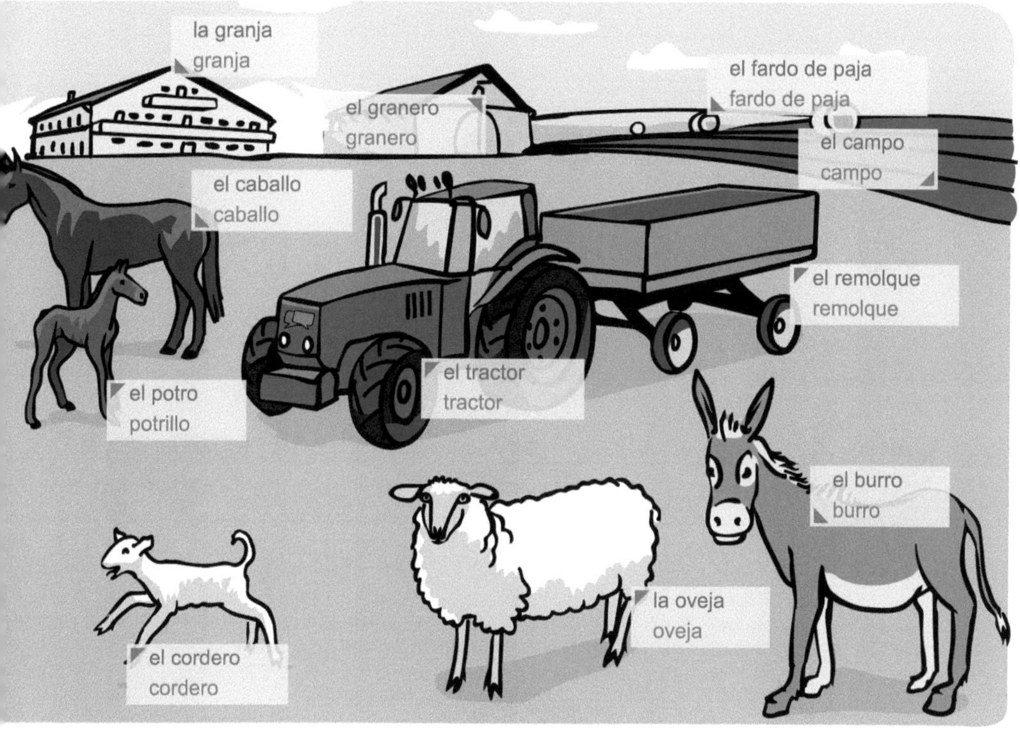

la granja
granja
el granero
granero
el fardo de paja
fardo de paja
el campo
campo
el caballo
caballo
el remolque
remolque
el tractor
tractor
el potro
potrillo
el burro
burro
la oveja
oveja
el cordero
cordero

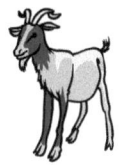

la cabra

cabra

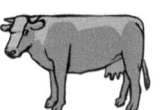

la vaca

vaca

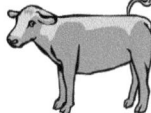

el ternero

ternero

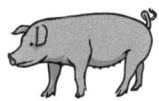

el cerdo

cerdo

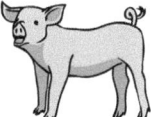

el cerdito

lechón

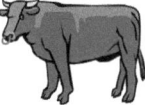

el toro

toro

el ganso

ganso

el pato

pato

el pollo

pollo

la gallina

gallina

el gallo

gallo

la rata

rata

el gato

gato

el ratón

ratón

el buey

buey

el perro

perro

la perrera

cucha

la manguera

manguera

la regadera

regadera

la guadaña

guadaña

el arado

arado

la hoz

hoz

la azada

azada

la horca

horquilla

el hacha

hacha

la carretilla

carretilla

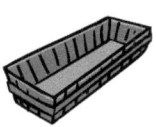

el abrevadero

abrevadero

la lechera

lechera

el saco

bolsa

la valla

reja

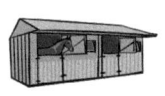

el establo

establo

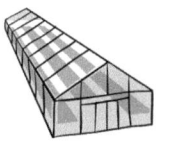

el invernadero

invernadero

el suelo

suelo

la semilla

semilla

el fertilizador

fertilizador

la cosechadora

cosechadora

cosechar

cosechar

la cosecha

cosecha

el ñame

batatas

el trigo

trigo

el soja

soja

la patata

papa

el maíz

maíz

la semilla de colza

semilla de colza

el árbol frutal

árbol frutal

la mandioca

mandioca

las cereales

cereales

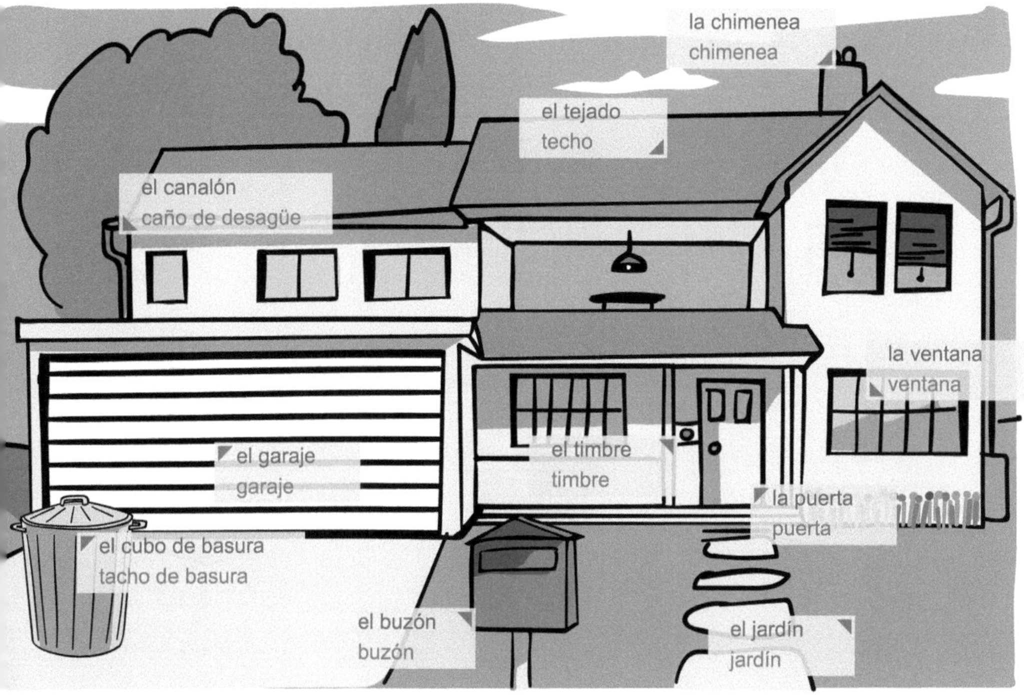

la chimenea
chimenea

el tejado
techo

el canalón
caño de desagüe

el garaje
garaje

el cubo de basura
tacho de basura

el buzón
buzón

el timbre
timbre

la puerta
puerta

la ventana
ventana

el jardín
jardín

la sala
living

el cuarto de baño
baño

la cocina
cocina

el dormitorio
dormitorio

la habitación de los niños

cuarto de los chicos

el comedor
comedor

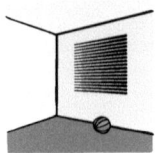

el suelo
....
piso

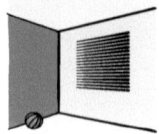

la pared
....
pared

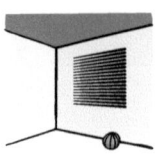

el techo
....
cielorraso

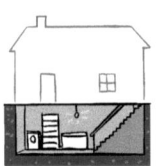

el sótano
....
sótano

la sauna
....
sauna

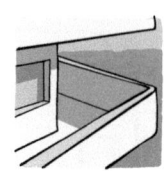

el balcón
....
balcón

la terraza
....
terraza

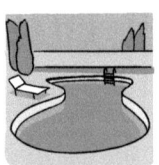

la piscina
....
pileta

el cortacésped
....
cortadora de pasto

la sábana
....
sábana

la colcha
....
acolchado

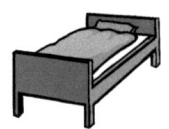

la cama
....
cama

la escoba
....
escoba

el balde
....
balde

el interruptor
....
interruptor

la sala
living

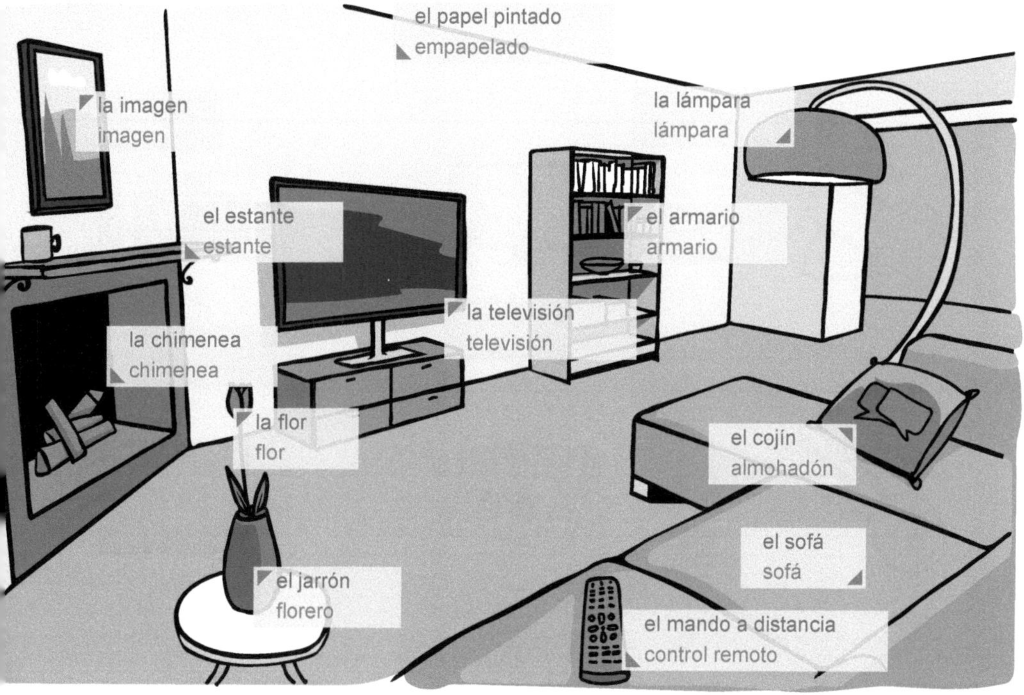
el papel pintado
empapelado
la imagen
imagen
la lámpara
lámpara
el estante
estante
el armario
armario
la televisión
televisión
la chimenea
chimenea
la flor
flor
el cojín
almohadón
el sofá
sofá
el jarrón
florero
el mando a distancia
control remoto

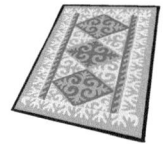

la alfombra
....
alfombra

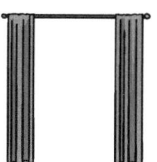

la cortina
....
cortina

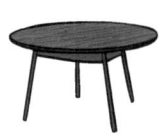

la mesa
....
mesa

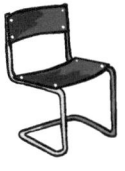

la silla
....
silla

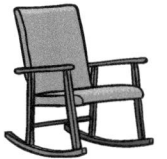

el mecedora
....
mecedora

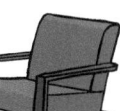

la butaca
....
sillón

el libro

libro

la manta

frazada

la decoración

decoración

la leña

leña

la película

película

el equipo de música

equipo de música

la llave

llave

el periódico

diario

la pintura

pintura

el póster

póster

la radio

radio

el cuaderno

cuaderno

la aspiradora

aspiradora

el cactus

cactus

la vela

vela

la cocina
cocina

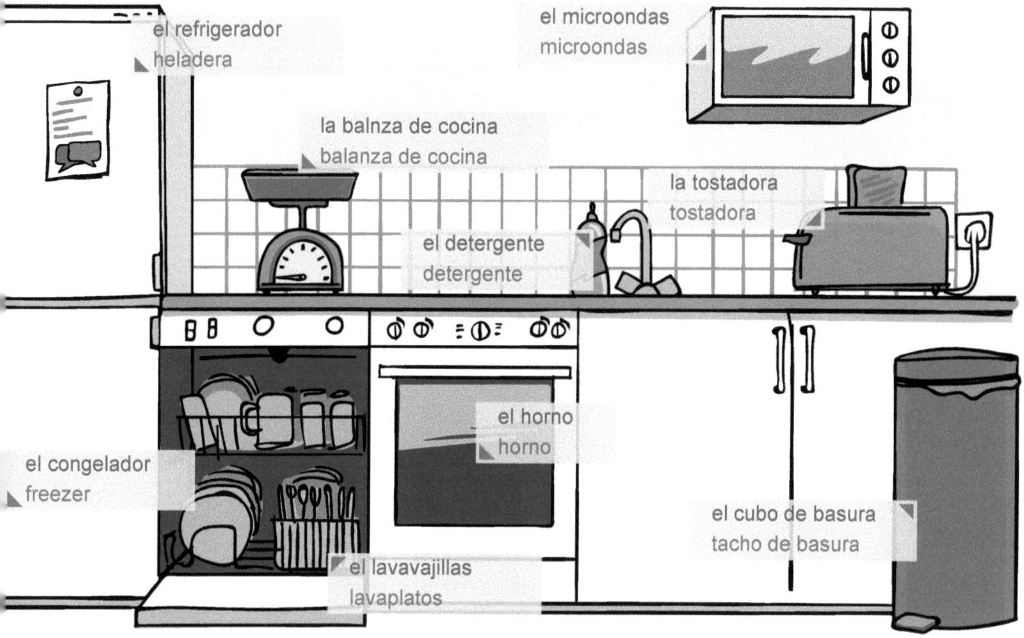

el refrigerador
heladera
el microondas
microondas
la balnza de cocina
balanza de cocina
la tostadora
tostadora
el detergente
detergente
el horno
horno
el congelador
freezer
el cubo de basura
tacho de basura
el lavavajillas
lavaplatos

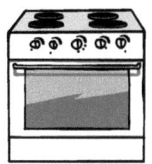

la olla a presión
....
cocina

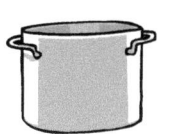

la olla
....
olla

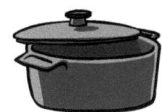

la olla de hierro fundido
....
olla de hierro fundido

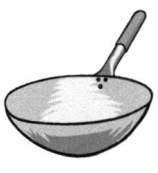

el wok
....
wok

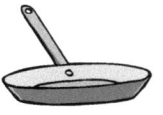

la cazuela
....
sartén

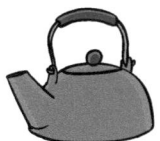

el hervidor
....
pava

la vaporera

vaporera

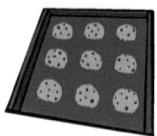

la chapa de horno

bandeja de horno

la vajilla

vajilla

la taza

taza

el tazón

bol

los palillos

palitos

el cucharón

cucharón

la espumadera

estpátula

el batidor

batidora

el colador

colador

el cedazo

colador

el rallador

rallador

el mortero

mortero

la barbacoa

parrilla

la hoguera

fogata

la tabla de picar

tabla de picar

el rodillo

palo de amasar

el sacacorchos

sacacorchos

la lata

lata

el abrelatas

abrelatas

el agarrador

manopla

el lavabo

pileta

el cepillo

cepillo

la esponja

esponja

la batidora

batidora

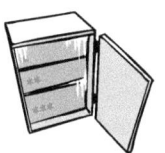

el congelador

congelador

el biberón

mamadera

el grifo

canilla

el cuarto de baño

baño

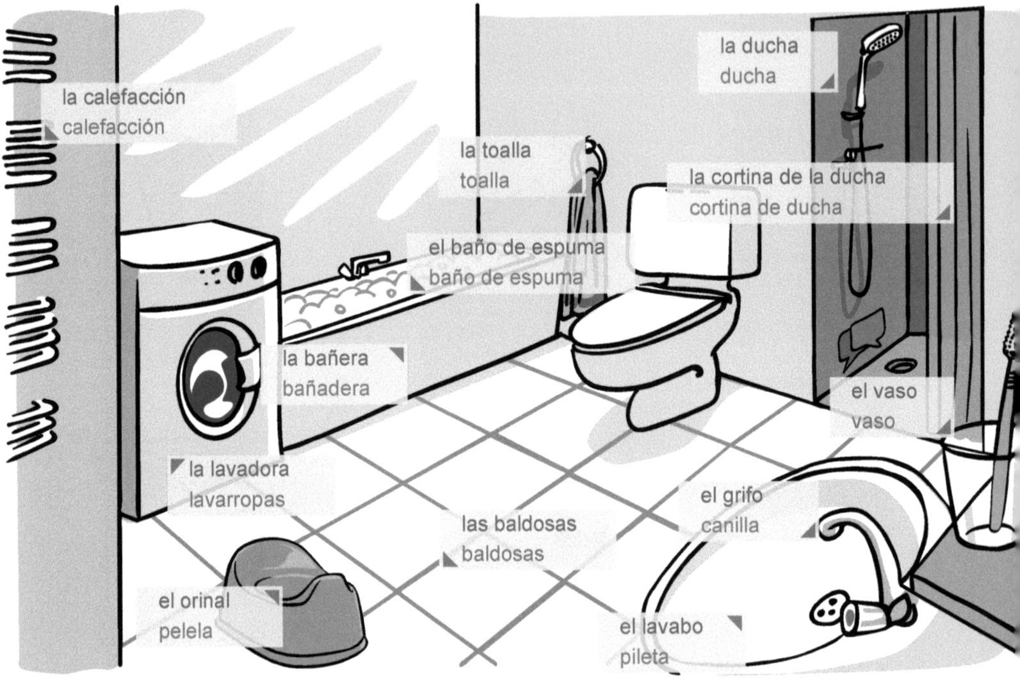

la calefacción
calefacción
la toalla
toalla
la ducha
ducha
la cortina de la ducha
cortina de ducha
el baño de espuma
baño de espuma
la bañera
bañadera
el vaso
vaso
la lavadora
lavarropas
el grifo
canilla
las baldosas
baldosas
el orinal
pelela
el lavabo
pileta

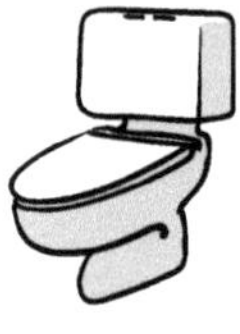

el inodoro
inodoro

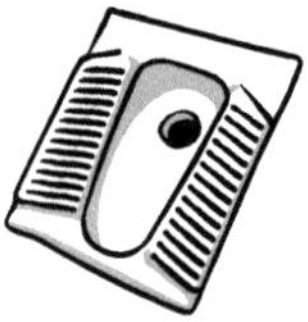

el inodoro rústico
letrina

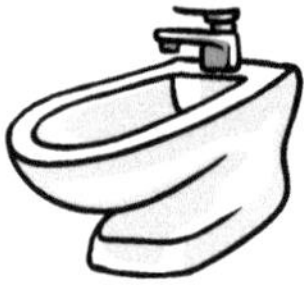

el bidé
bidé

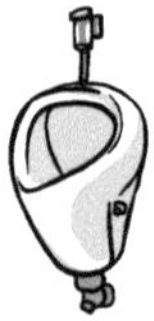

el urinario
mingitorio

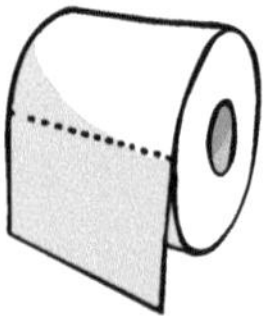

el papel higiénico
papel higiénico

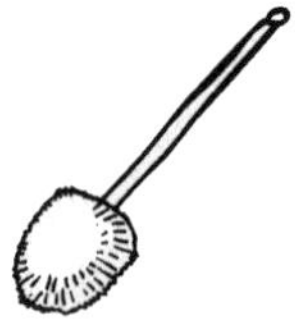

la escobilla del váter
cepillo para el inodoro

el cepillo de dientes

cepillo de dientes

la pasta de dientes

dentífrico

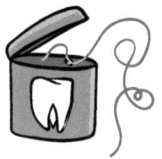

el hilo dental

hilo dental

lavar

lavar

la ducha de mano

ducha de mano

la ducha íntima

ducha higiénica

la pila

palangana

el cepillo de espalda

cepillo para espalda

el jabón

jabón

el gel de ducha

gel de ducha

el champú

shampoo

la toallita

toallita

el desagüe

desagüe

la crema

crema

el desodorante

desodorante

el espejo

espejo

el espejo de tocador

espejito

la maquinilla de afeitar

maquinita de afeitar

la espuma de afeitar

espuma de afeitar

la loción postafeitado

aftershave

el peine

peine

el cepillo

cepillo

el secador

secador de pelo

la laca

spray

el maquillaje

maquillaje

el pintalabios

lápiz de labios

el pintauñas

esmalte para uñas

el algodón

algodón

el cortauñas

tijera para uñas

el perfume

perfume

el estuche de viaje

portacosméticos

la banqueta

banqueta

la balanza

balanza

el albornoz

bata

los guantes de goma

guantes de goma

el tampón

tampón

la compresa

toallita femenina

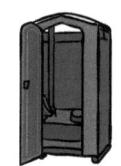

el inodoro químico

baño químico

la habitación de los niños

cuarto de los chicos

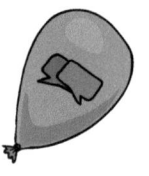

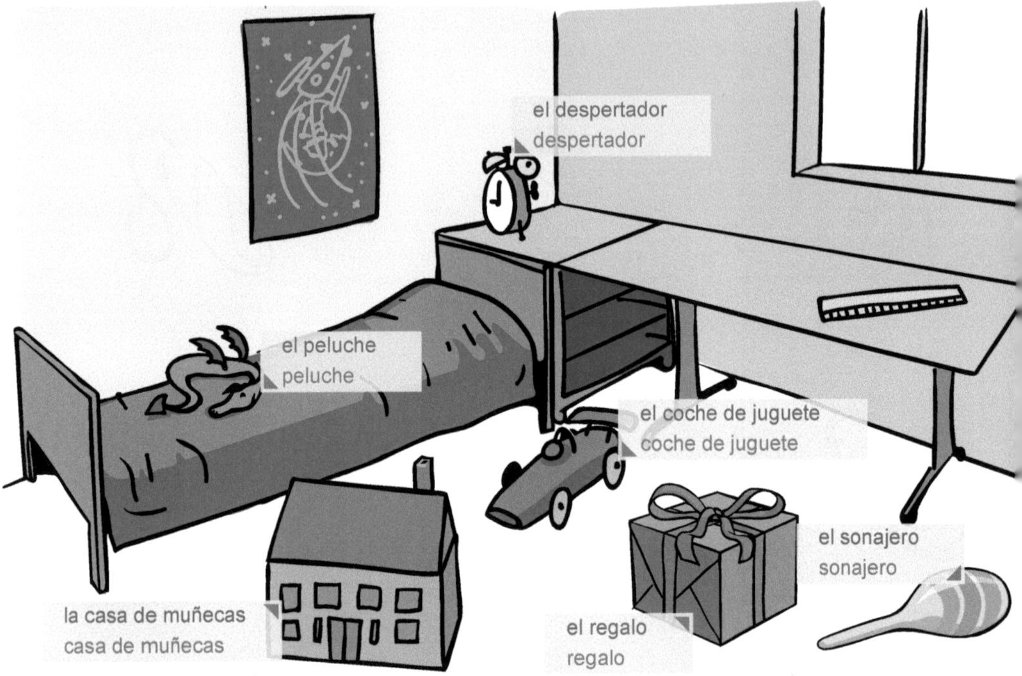
el despertador
despertador
el peluche
peluche
el coche de juguete
coche de juguete
el sonajero
sonajero
la casa de muñecas
casa de muñecas
el regalo
regalo

el globo

globo

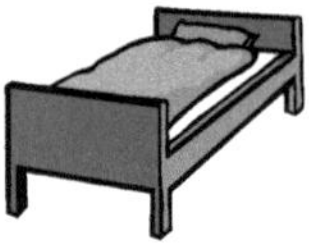

la cama

cama

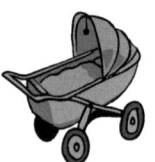

el coche de niño

cochecito

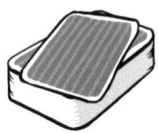

los naipes

cartas

el puzle

rompecabezas

SUPER
MEGA

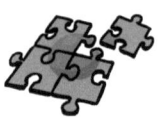

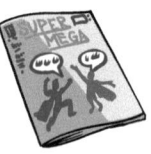

el tebeo

historieta

las piezas de lego

piezas de lego

los bloques de juguete

ladrillos de juguete

la figura de acción

figura de acción

el bodi (de bebé)

enterito (de bebé)

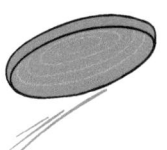

el frisbee

frisbee

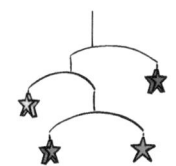

el colgador móvil para bebés

móvil para bebés

el juego de mesa

juego de mesa

los dados

dados

el circuito de tren eléctrico

tren eléctrico

el maniquí

chupete

la fiesta

fiesta

el álbum de fotos

libro de cuentos ilustrado

la pelota

pelota

la muñeca

muñeca

jugar

jugar

el cajón de arena

arenero

el columpio

hamaca

los juguetes

juguetes

la videoconsola

consola de videojuegos

el triciclo

triciclo

el oso de peluche

osito de peluche

la guardarropa

armario

la ropa

ropa

los calcetines

medias

las medias

medias panty

los leotardos

calzas

la bufanda
bufanda

el cinturón
cinturón

el paraguas
paraguas

la camiseta
remera

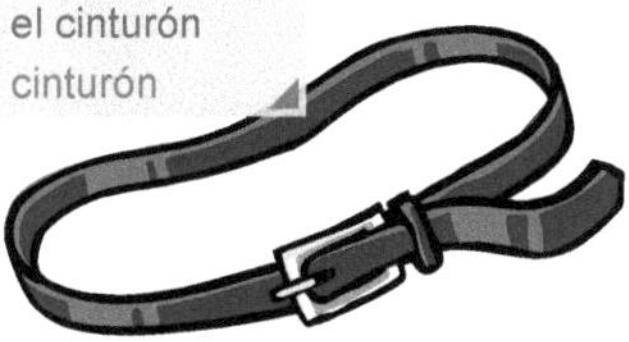

las deportivas
zapatillas

las botas
botas

las zapatillas
pantuflas

las sandalias
....
sandalias

los zapatos
....
zapatos

las botas de goma
....
botas de goma

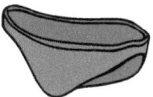

el slip
....
ropa interior

el sostén
....
corpiño

el chaleco
....
chaleco

la ropa - ropa

el bodi

body

los pantalones cortos

pantalones

los vaqueros

jeans

la falda

pollera

la blusa

blusa

la camisa

camisa

el jersey

pulóver

el suéter

buzo

el blazer

blazer

la chaqueta

campera

el abrigo

tapado

la gabardina

piloto

el traje

traje

el vestido

vestido

el vestido de novia

vestido de novia

el traje

traje

el camisón

camisón

el pijama

pijama

el sati

sari

el bandana

pañuelo para cabeza

el turbante

turbante

la burka

burka

el caftán

caftán

la abaya

abaya

el traje de baño

traje de baño

el bañador

short de baño

los pantalones cortos

shorts

el chándal

jogging

el delantal

delantal

los guantes

guantes

el botón

botón

las gafas

anteojos

el brazalete

pulsera

el collar

collar

el anillo

anillo

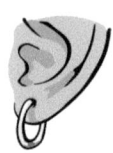

el pendiente

aro

la gorra

gorra

la percha

percha

el sombrero

sombrero

la corbata

corbata

la cremallera

cierre

el casco

casco

los tirantes

tiradores

el uniforme

uniforme escolar

el uniforme

uniforme

el babero

babero

el maniquí

chupete

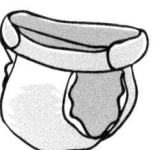

el pañal

pañal

la oficina
oficina

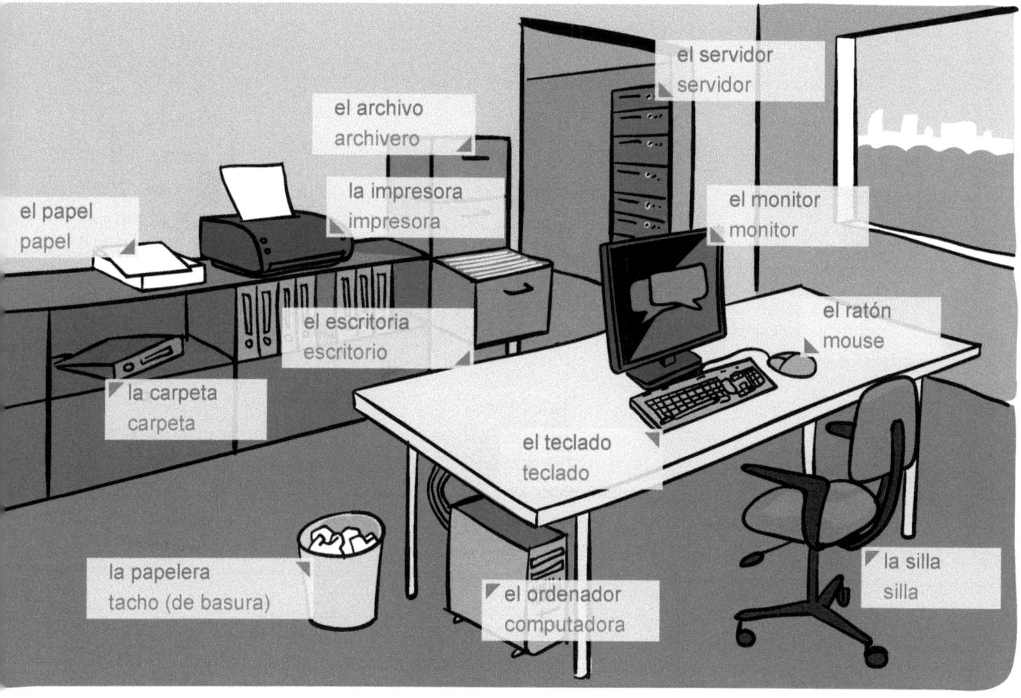

el servidor

servidor

el archivo

archivero

la impresora

impresora

el monitor

monitor

el papel

papel

el escritoria

escritorio

el ratón

mouse

la carpeta

carpeta

el teclado

teclado

la papelera

tacho (de basura)

el ordenador

computadora

la silla

silla

la taza de café

taza de café

la calculadora

calculadora

el internet

internet

el portátil

laptop

la carta

carta

el mensaje

mensaje

el móvil

celular

la red

red

la fotocopiadora

fotocopiadora

el software

software

el teléfono

teléfono

la toma de corriente

tomacorriente

el fax

fax

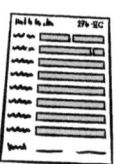

el formulario

formulario

el documento

documento

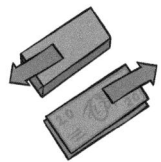

comprar

comprar

pagar

pagar

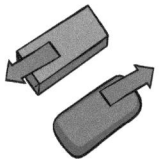

comerciar

hacer negocios

el dinero

dinero

el dólar

dólar

el euro

euro

el yen

yen

el rublo

rublo

el franco suizo

franco suizo

el renminbi yuan

yuan

la rupia

rupia

el cajero automático

cajero automático

la oficina de cambio de divisas
....
casa de cambio

el oro
....
oro

la plata
....
plata

el petróleo
....
petróleo

la energía
....
energía

el precio
....
precio

el contrato
....
contrato

el impuesto
....
impuesto

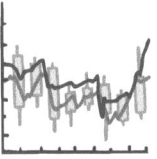

la acción
....
acción

trabajar
....
trabajar

el empleador
....
empleado

el empleador
....
empleador

la fábrica
....
fábrica

la tienda de campaña
....
negocio

los oficios
ocupaciones

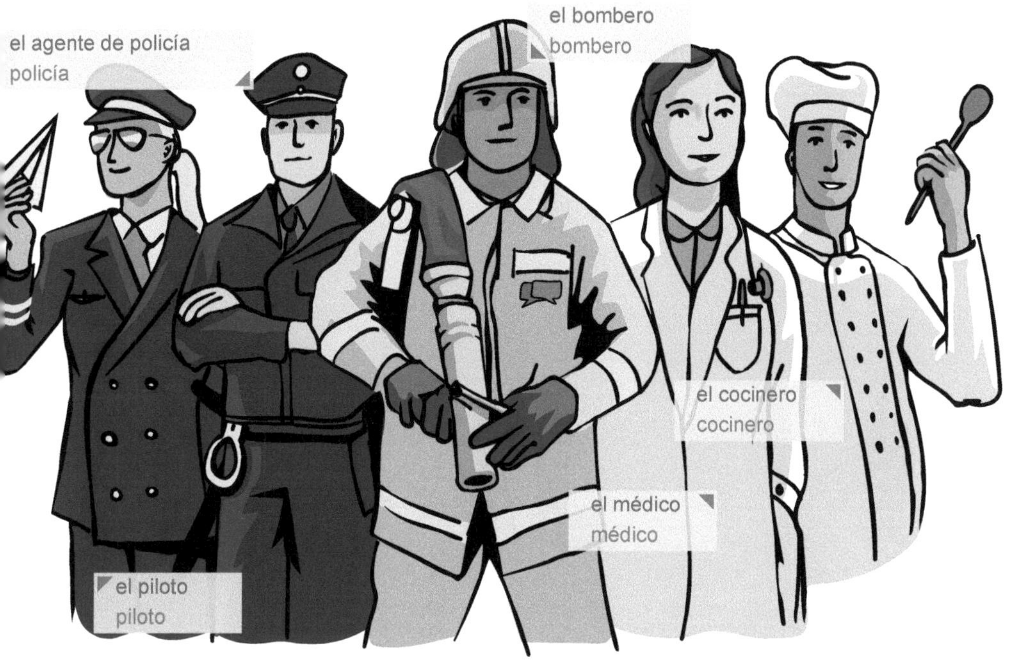

el bombero
bombero
el agente de policía
policía
el cocinero
cocinero
el médico
médico
el piloto
piloto

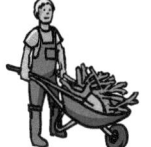

el jardinero

jardinero

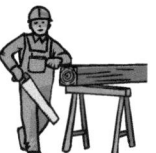

el carpintero

carpintero

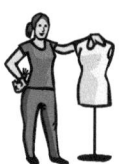

la costurera

modista

el juez

juez

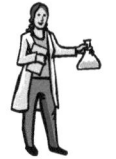

el farmacéutico

farmacéutico

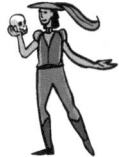

el actor

actor

el conductor de autobús

colectivero

el taxista

taxista

el pescador

pescador

la señora de la limpieza

mucama

el techador

techista

el camarero

mozo

el cazador

cazador

el pintor

pintor

el panadero

panadero

el electricista

electricista

el obrero

albañil

el ingeniero

ingeniero

el carnicero

carnicero

el fontanero

plomero

el cartero

cartero

el soldado
soldado

el arquitecto
arquitecto

el cajero
cajero

el florista
florista

el peluquero
peluquero

el revisor
cobrador

el mecánico
mecánico

el capitán
capitán

el dentista
dentista

el científico
científico

el rabino
rabino

el imán
imán

el monje
monje

el sacerdote
sacerdote

las herramientas
herramientas

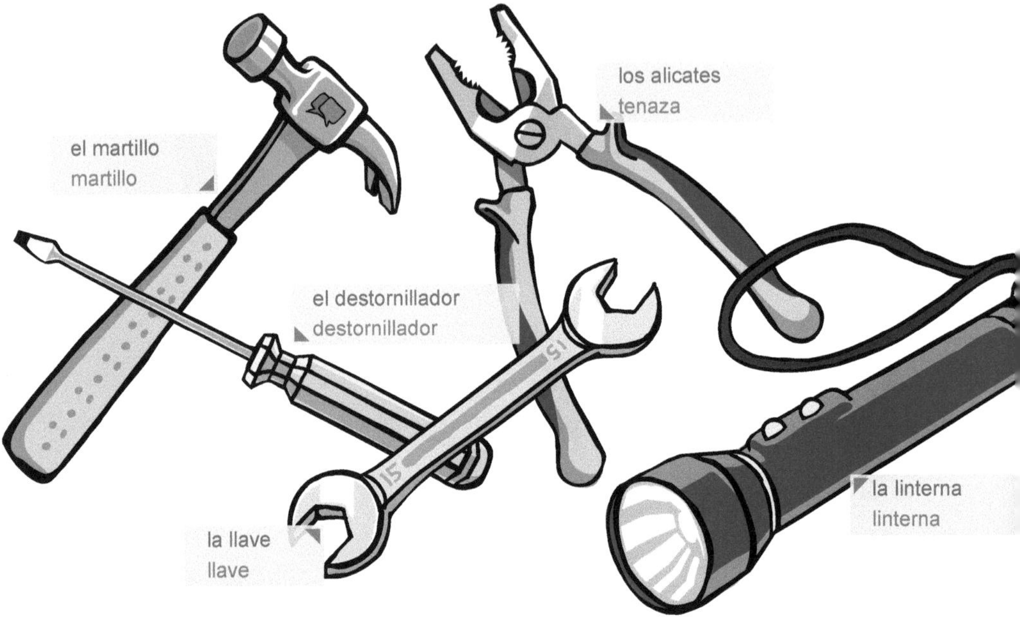

el martillo
martillo
los alicates
tenaza
el destornillador
destornillador
la llave
llave
la linterna
linterna

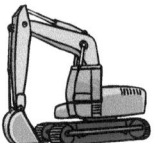

la excavadora

excavadora

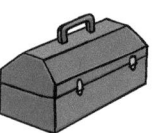

la caja de herramientas

caja de herramientas

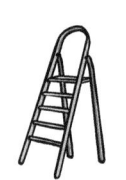

la escalera de mano

escalera portátil

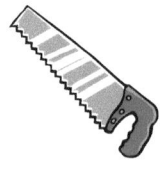

la sierra

sierra

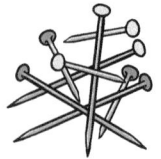

los clavos

clavos

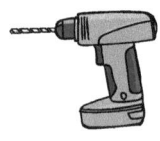

el taladro

taladro

reparar
arreglar

la pala
pala de jardín

¡Maldita sea!
¡Qué bronca!

el recogedor
pala de plástico

el bote de pintura
tacho de pintura

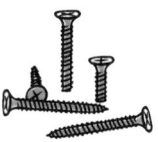

los tornillos
tornillos

los instrumentos musicales
instrumentos musicales

la batería
batería

el altavoz
parlante

el contrabajo
contrabajo

la trompeta
trompeta

la guitarra
guitarra

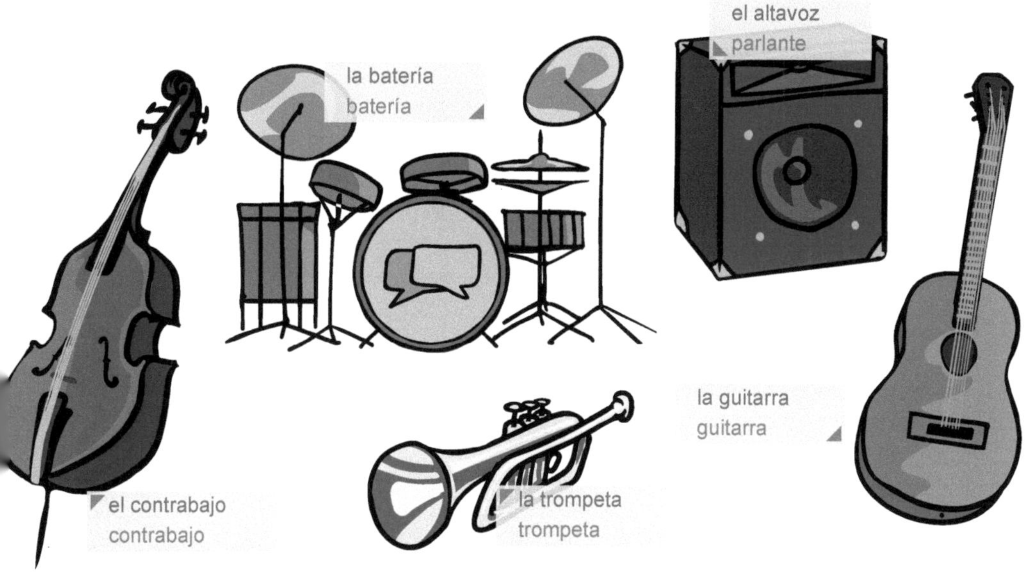

el piano

piano

el violín

violín

bajo

bajo

los timbales

timbales

el tambor

tambor

el teclado

teclado

el saxofón

saxofón

la flauta

flauta

el micrófono

micrófono

el zoo
zoológico

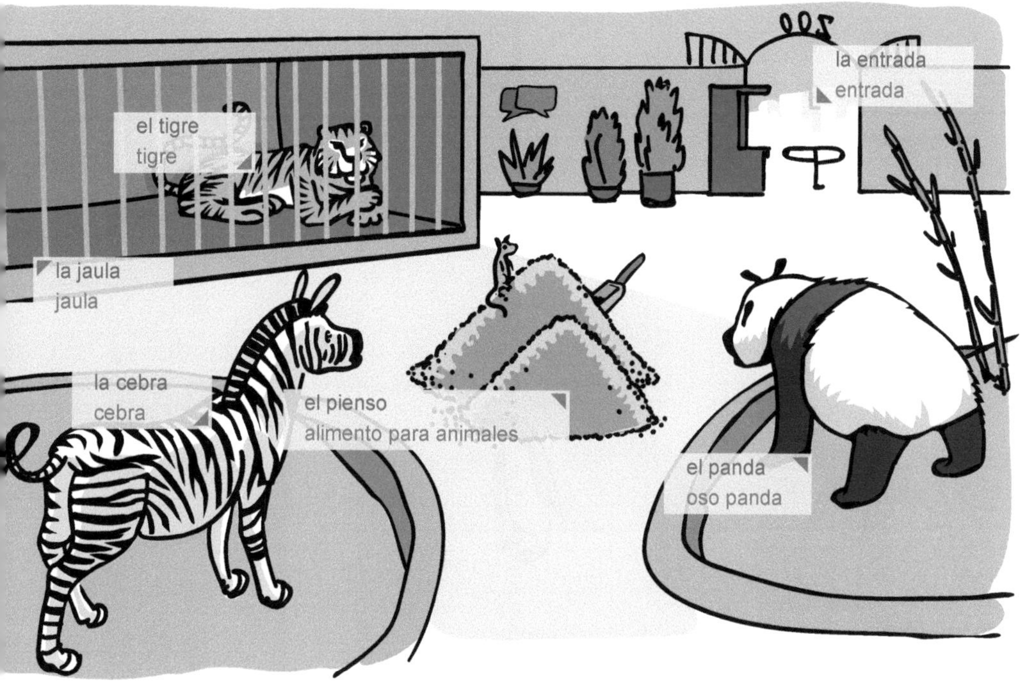

la entrada
entrada
el tigre
tigre
la jaula
jaula
la cebra
cebra
el pienso
alimento para animales
el panda
oso panda

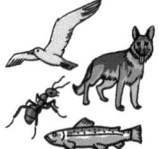

los animales
animales

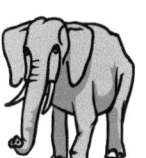

el elefante
elefante

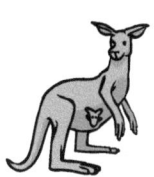

el canguro
canguro

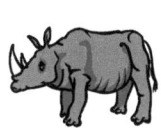

el rinoceronte
rinoceronte

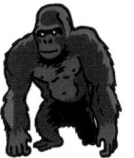

el gorila
gorila

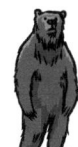

el oso
oso

el camello

camello

el avestruz

avestruz

el león

león

el mono

mono

el flamingo

flamenco

el loro

loro

el oso polar

oso polar

el pingüino

pingüino

el tiburón

tiburón

el pavo real

pavo real

la serpiente

serpiente

el cocodrilo

cocodrilo

el guardián de zoológico

cuidador del zoológico

la foca

foca

el jaguar

jaguar

el zoo - zoológico

el poni

poni

el leopardo

leopardo

el hipopótamo

hipopótamo

la jirafa

jirafa

el águila

águila

el jabalí

jabalí

el pescado

pescado

la tortuga

tortuga

la morsa

morsa

el zorro

zorro

la gacela

gacela

deportes

el fútbol americano
fútbol americano

el ciclismo
ciclismo

el tenis
tenis

el baloncesto
básquet

la natación
natación

el boxeo
boxeo

el hockey sobre hielo
hockey sobre hielo

el fútbol
fútbol

el bádminton
bádminton

el atletismo
atletismo

el balonmano
handball

el esquí
esquí

el polo
polo

las actividades
actividades

saltar
saltar
abrazar
abrazar
reír
reír
caminar
caminar
cantar
cantar
soñar
soñar
rezar
rezar
besar
besar

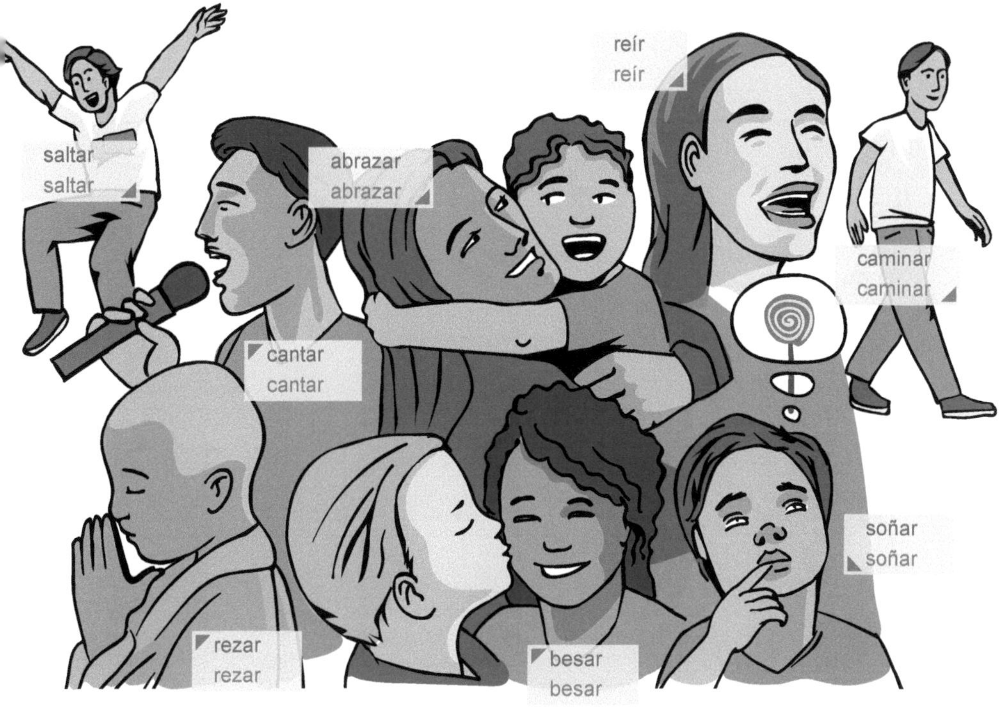

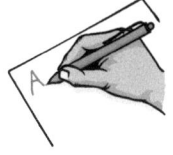

escribir
....
escribir

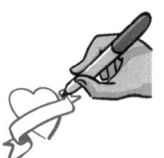

dibujar
....
dibujar

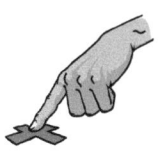

mostrar
....
mostrar

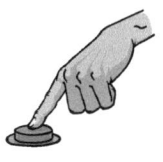

empujar
....
presionar

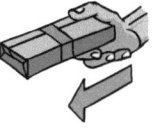

dar
....
dar

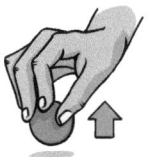

tomar
....
tomar

tener

tener

hacer

hacer

ser

ser

estar de pie

estar parado

correr

correr

tirar

tirar

tirar

tirar

caer

caer

yacer

estar acostado

esperar

esperar

llevar

llevar

estar sentado

estar sentado

vestirse

vestirse

dormir

dormir

despertar

despertar

mirar

mirar

llorar

llorar

acariciar

acariciar

peinar

peinar

hablar

hablar

entender

entender

preguntar

preguntar

escuchar

escuchar

beber

beber

comer

comer

ordenar

ordenar

amar

amar

cocinar

cocinar

conducir

manejar

volar

volar

las actividades - actividades

navegar

navegar

calcular

calcular

leer

leer

aprender

aprender

trabajar

trabajar

casarse

casarse

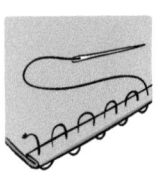

coser

coser

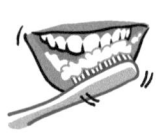

cepillarse los dientes

cepillarse los dientes

matar

matar

fumar

fumar

enviar

enviar

la familia
familia

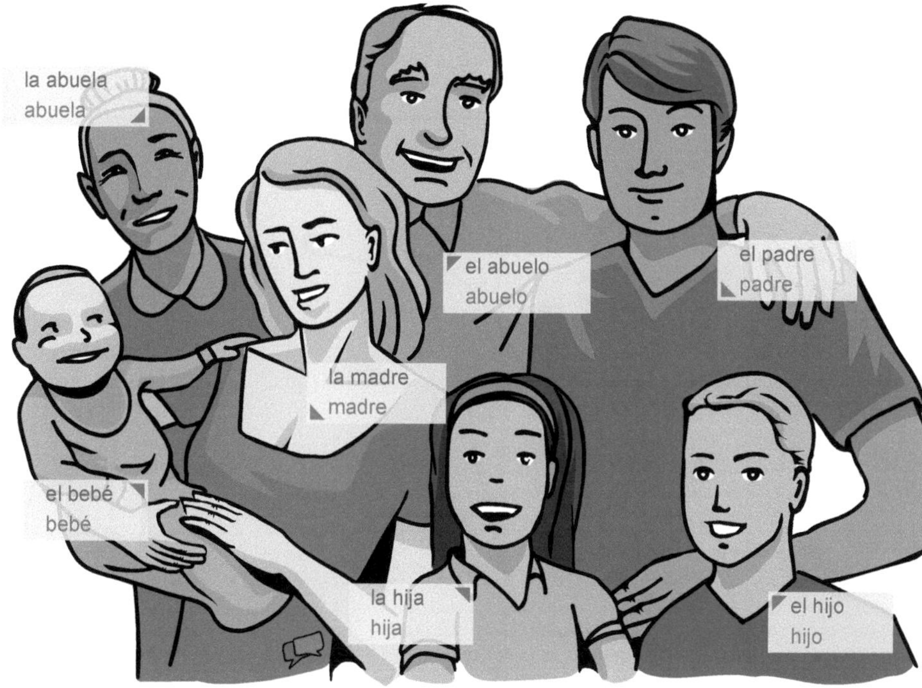

la abuela
abuela
el abuelo
abuelo
el padre
padre
la madre
madre
el bebé
bebé
la hija
hija
el hijo
hijo

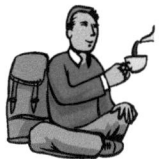

el invitado
invitado

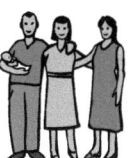

la tía
tía

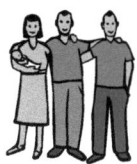

el tío
tío

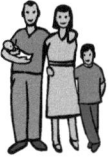

el hermano
hermano

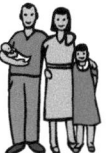

la hermana
hermana

el cuerpo
cuerpo

la frente
frente
el ojo
ojo
el hombro
hombro
el dedo
dedo
la cara
cara
la barbilla
pera
la mano
mano
la pierna
pierna
el pecho
pecho
el brazo
brazo

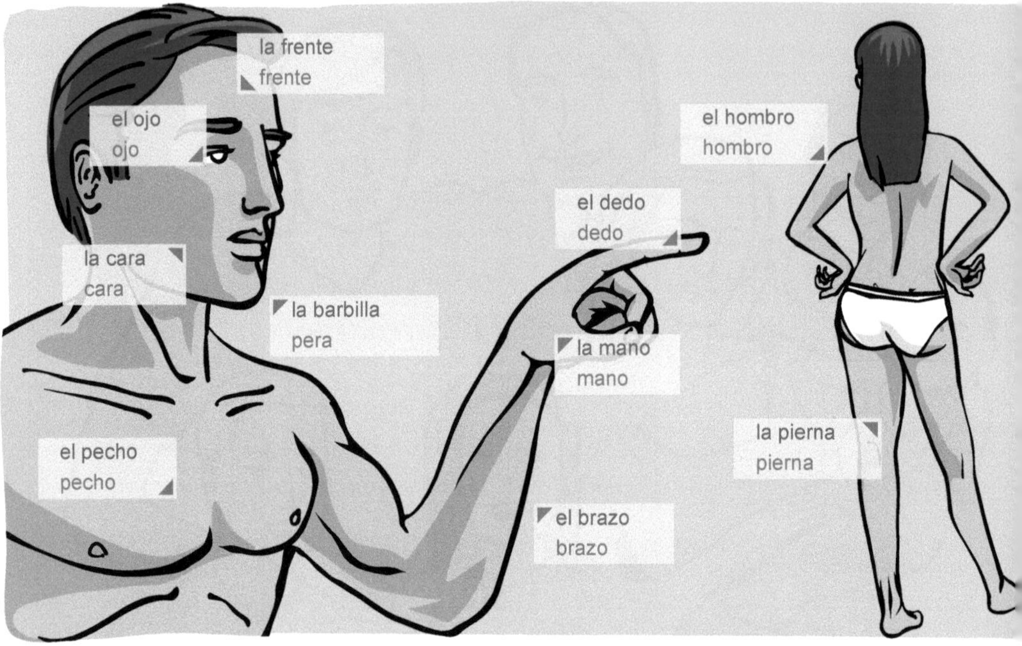

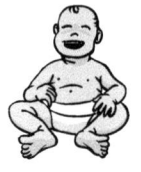

el bebé
bebé

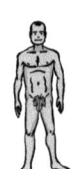

el hombre
hombre

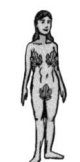

la mujer
mujer

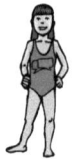

la chica
nena

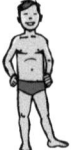

el chico
nene

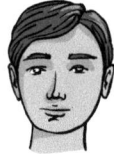

la cabeza
cabeza

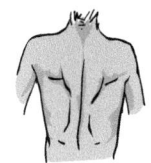

la espalda

espalda

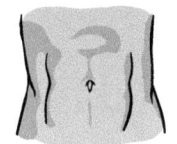

el vientre

panza

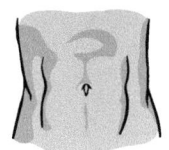

el ombligo

ombligo

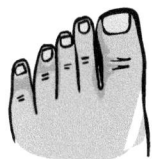

el dedo del pie

dedo del pie

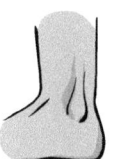

el talón

talón

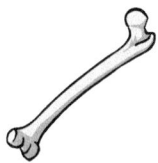

el hueso

hueso

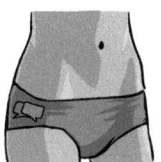

la cadera

cadera

la rodilla

rodilla

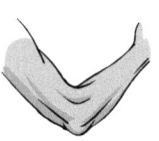

el codo

codo

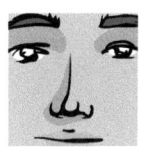

la nariz

nariz

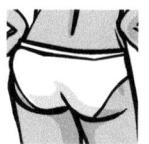

el trasero

cola

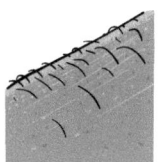

la piel

piel

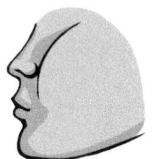

la mejilla

cachete

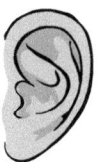

el oído

oreja

el labio

labio

la boca

boca

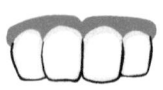

el diente

diente

la lengua

lengua

el cerebro

cerebro

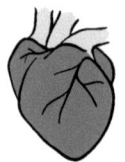

el corazón

corazón

el músculo

músculo

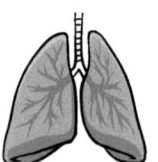

el pulmón

pulmón

el hígado

hígado

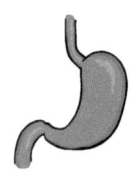

el estómago

estómago

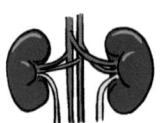

los riñones

riñones

el sexo

sexo

el condón

preservativo

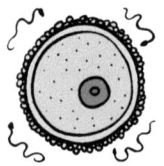

el ovario

óvulo

el semen

semen

el embarazo

embarazo

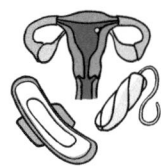

la menstruación
menstruación

la vagina
vagina

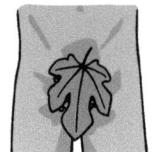

el pene
pene

la ceja
ceja

el pelo
pelo

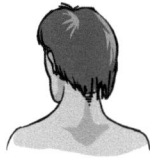

el cuello
cuello

el hospital
hospital

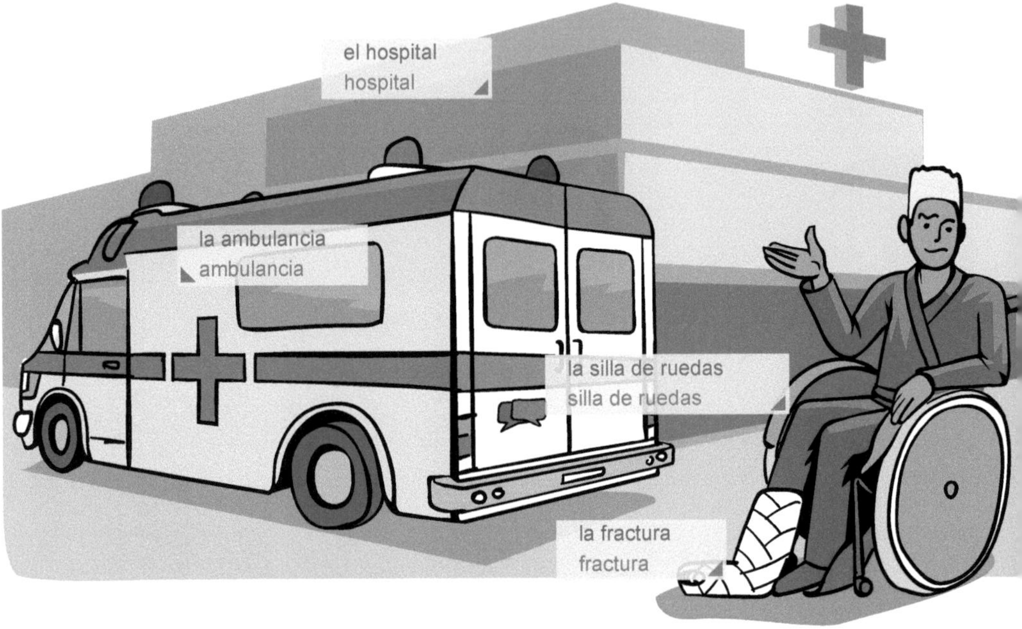

el hospital
hospital
la ambulancia
ambulancia
la silla de ruedas
silla de ruedas
la fractura
fractura

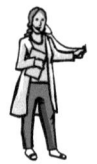

el médico
médico

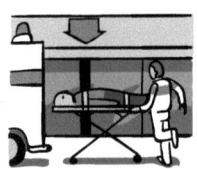

la sala de urgencias
sala de guardia

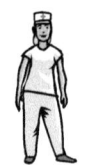

la enfermera
enfermera

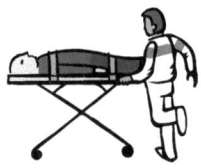

la urgencia
emergencia

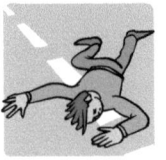

inconsciente
inconsciente

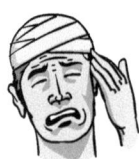

el dolor
dolor

la lesión
lesión

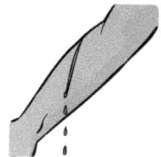

la hemorragia
hemorragia

el infarto
infarto

el ictus
ACV

la alergia
alergia

la tos
tos

la fiebre
fiebre

la gripe
gripe

la diarrea
diarrea

el dolor de cabeza
dolor de cabeza

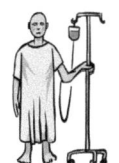

el cáncer
cáncer

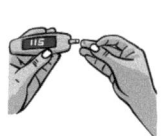

la diabetes
diabetes

el cirujano
cirujano

el bisturí
bisturí

la operación
operación

TAC
TC

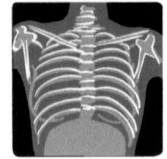

los rayos x
rayos x

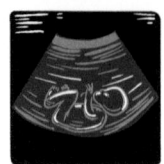

el ultrasonido
ecografía

la mascarilla
barbijo

la enfermedad
enfermedad

la sala de espera
sala de espera

la muleta
muleta

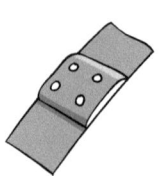

la tirita
curita

la venda
venda

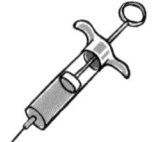

la inyección
inyección

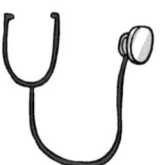

el estetoscopio
estetoscopio

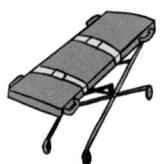

la camilla
camilla

el termómetro
termómetro

el nacimiento
nacimiento

el sobrepeso
sobrepeso

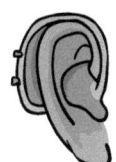

el audífono

audífono

el desinfectante

desinfectante

la infección

infección

el virus

virus

VIH / SIDA

VIH / SIDA

la medicina

remedio

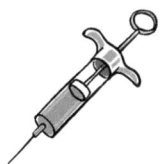

la vacunación

vacunación

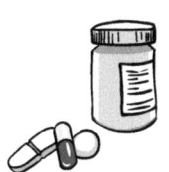

las tabletas

comprimidos

la pastilla

pastilla anticonceptiva

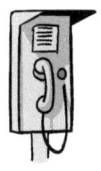

la llamada de urgencia

llamada de emergencia

el tensiómetro

tensiómetro

enfermo / sano

enfermo / sano

¡Socorro!

¡Ayuda!

la alarma

alarma

el asalto

agresión

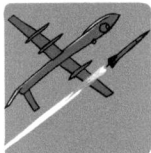

el ataque

ataque

el peligro

peligro

la salida de emergencia

salida de emergencia

¡Fuego!

¡Fuego!

el extintor de incendios

matafuego

el accidente

accidente

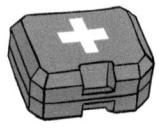

el botiquín de primeros
auxilios

botiquín de primeros
auxilios

SOS

SOS

la policía

policía

Europa

Europa

Norteamérica

América del Norte

Sudamérica

América del Sur

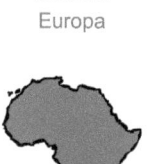

África

África

Asia

Asia

Australia

Australia

el atlántico

Atlántico

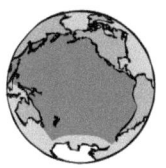

el Pacífico

Pacífico

el Océano Índico

Océano Índico

el Océano Antártico

Océano Antártico

el Océano Ártico

Océano Ártico

el polo norte

polo norte

el polo sur

polo sur

La Antártida

Antártida

la tierra

Tierra

la tierra

tierra

el mar

mar

la isla

isla

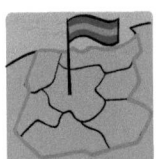

la nación

nación

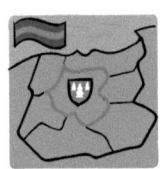

el estado

estado

la esfera

esfera

la manecilla de las horas

manecilla de las horas

el minutero

minutero

el segundero

segundero

¿Qué hora es?

¿Qué hora es?

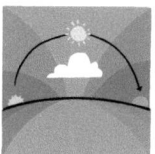

el día

día

el tiempo

hora

ahora

ahora

el reloj digital

reloj digital

el minuto

minuto

la hora

hora

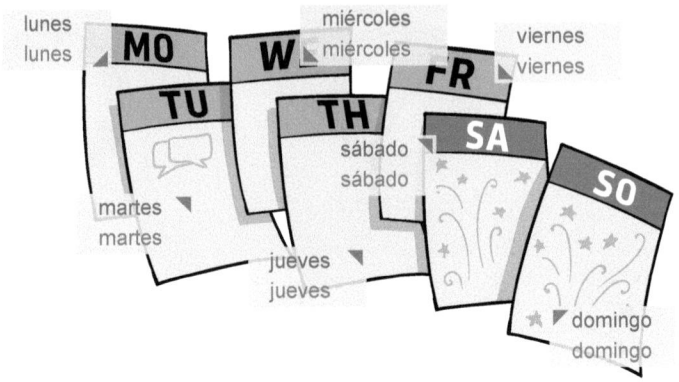

lunes · lunes
martes · martes
miércoles · miércoles
jueves · jueves
viernes · viernes
sábado · sábado
domingo · domingo

ayer

ayer

hoy

hoy

mañana

mañana

la mañana

mañana

el mediodía

mediodía

la tarde

tarde

los días laborables

días hábiles

el fin de semana

fin de semana

el año

año

la lluvia
lluvia
el arcoíris
arco iris
la nieve
nieve
el viento
viento
la primavera
primavera
el otoño
otoño
el verano
verano
el invierno
invierno

4.APRIL 11°
5.APRIL 4°
6.APRIL 13°
7.APRIL 8°
8.APRIL 10°

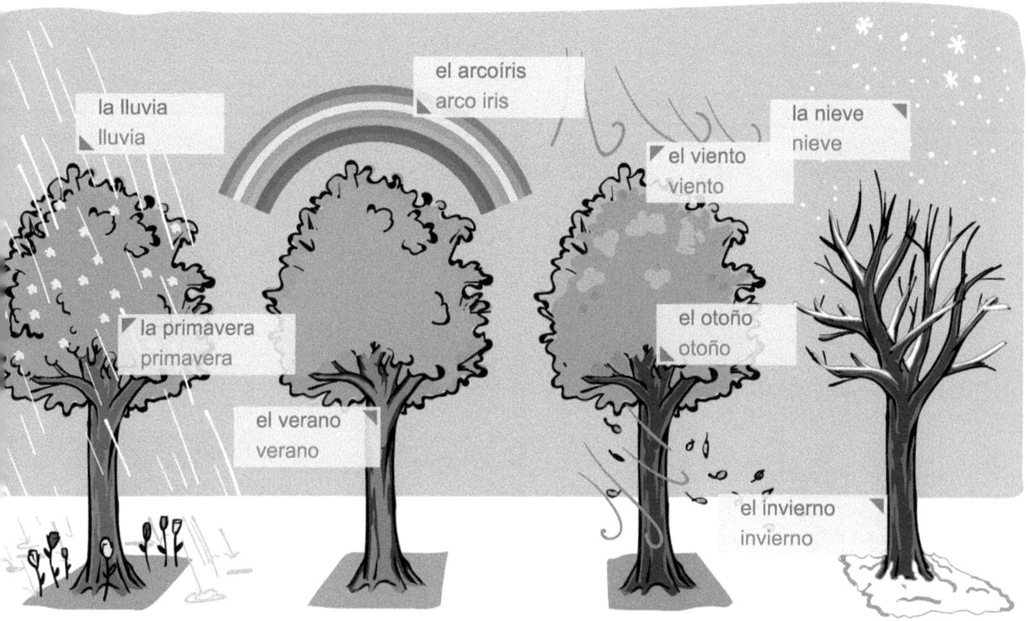

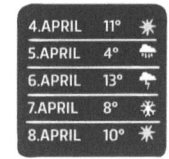

el pronóstico del tiempo

pronóstico meteorológico

F C
120 40
90 30
60 20
30 10
0 0
-30 -10
-20

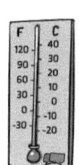

el termómetro

termómetro

el sol

luz del sol

la nube

nube

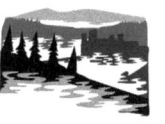

la niebla

niebla

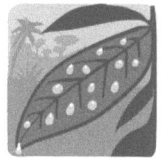

la humedad

humedad

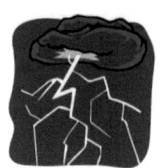

el rayo

rayo

el trueno

trueno

la tormenta

tormenta

el granizo

granizo

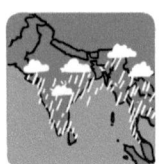

el monzón

monzón

la inundación

inundación

el hielo

hielo

enero

enero

febrero

febrero

marzo

marzo

abril

abril

mayo

mayo

junio

junio

julio

julio

agosto

agosto

septiembre
septiembre

octubre
octubre

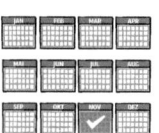

noviembre
noviembre

diciembre
diciembre

el círculo
círculo

el cuadrado
cuadrado

el rectángulo
rectángulo

el triángulo
triángulo

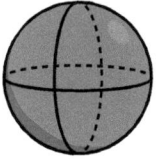

la esfera
esfera

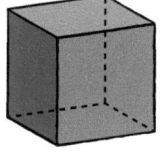

el cubo
cubo

blanco

blanco

amarillo

amarillo

anaranjado

naranja

rosa

rosa

rojo

rojo

morado

violeta

azul

azul

verde

verde

marrón

marrón

gris

gris

negro

negro

mucho / poco

mucho / poco

enojado / tranquilo

enojado / tranquilo

bonito / feo

lindo / feo

principio / fin

principio / fin

grande / pequeño

grande / chico

claro / oscuro

claro / oscuro

el hermano / la hermana

hermano / hermana

limpio / sucio

limpio / sucio

completo / incompleto

completo / incompleto

el día / la noche

día / noche

muerto / vivo

muerto / vivo

ancho / estrecho

ancho / angosto

comestible / no comestible

comestible / no comestible

malo / amable

malo / amable

entusiasmado / aburrido

entusiasmado / aburrido

gordo / delgado

gordo / flaco

primero / último

primero / último

el amigo / el enemigo

amigo / enemigo

lleno / vacío

lleno / vacío

duro / blando

duro / blando

pesado / ligero

pesado / liviano

el hambre / la sed

hambre / sed

enfermo / sano

enfermo / sano

ilegal / legal

ilegal / legal

inteligente / tonto

inteligente / estúpido

izquierda / derecha

izquierda / derecha

cerca / lejos

cerca / lejos

nuevo / usado

nuevo / usado

nada / algo

nada / algo

viejo / joven

viejo / joven

encendido / apagado

encendido / apagado

abierto / cerrado

abierto / cerrado

silencioso / ruidoso

silencioso / ruidoso

rico / pobre

rico / pobre

correcto / incorrecto

correcto / incorrecto

áspero / suave

áspero / suave

triste / contento

triste / contento

corto / largo

corto / largo

lento / rápido

lento / rápido

húmedo / seco

mojado / seco

cálido / frío

caliente / frío

guerra / paz

guerra / paz

0

cero

cero

1

uno

uno

2

dos

dos

3

tres

tres

4

cuatro

cuatro

5

cinco

cinco

6

seis

seis

7

siete

siete

8

ocho

ocho

9

nueve

nueve

10

diez

diez

11

once

once

12

doce
doce

13

trece
trece

14

catorce
catorce

15

quince
quince

16

dieciséis
dieciséis

17

diecisiete
diecisiete

18

dieciocho
dieciocho

19

diecinueve
diecinueve

20

veinte
veinte

100

cien
cien

1.000

mil
mil

1.000.000

el millón
millón

el inglés

inglés

el inglés americano

inglés americano

el chino madarín

chino mandarín

el hindi

hindi

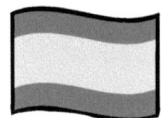

el español

español

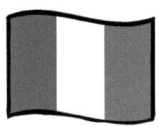

el francés

francés

el árabe

árabe

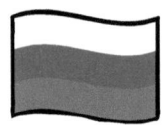

el ruso

ruso

el portugués

portugués

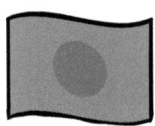

el bengalí

bengalí

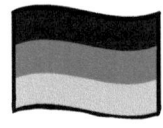

el alemán

alemán

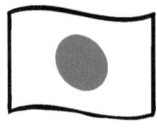

el japonés

japonés

yo
....
yo

tú
....
vos

él / ella / ello
....
él / ella

nosotros/as
....
nosotros

vosotros/as
....
ustedes

ellos/as
....
ellos

¿quién?
....
¿quién?

¿qué?
....
¿qué?

¿cómo?
....
¿cómo?

¿dónde?
....
¿dónde?

¿cuándo?
....
¿cuándo?

el nombre
....
nombre

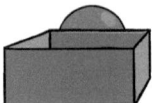

detrás

detrás

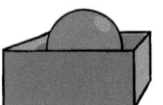

en

en

delante de

adelante de

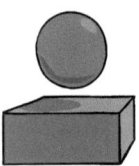

por encima de

por encima de

sobre

sobre

debajo de

debajo de

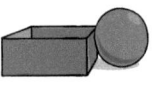

junto a

al lado de

entre

entre

el lugar

lugar